Ali Asllani

Hakërrim

Poezi të Zgjedhura

Ali Asllani

ISBN-13: 978-0692280997

ISBN-10: 0692280995

Përmbajtja

Ali Asllani

Ali Asllani

Ali Asllani u lind në Vajzë të Vlorës, më 20 nëntor 1882. Prindërit e tij, Asllan dhe Hyjrie, vdiqën të rinj, duke e lënë ende të vogël. Ali Asllani, kreu shkollën fillore në Vlorë, në Janinë shkollën e mesme, gjimnazin "Zosimea" në vitin 1888. Në fillim studioi mjekësi, por pastaj vazhdoi Institutin e Lartë të Shkencave politiko-shoqëroro-administrative në Stamboll. Pas shkollës kreu stazhin në prefekturën e Janinës. Në vitin 1908 zevëndësoi për tre muaj nënprefektin e Delvinës dhe u kthye përsëri në Janinë. Ai ishte një nga anëtarët e shquar të Klubit "Bashkimi". Për mbështetjen që i dha Ismail Qemalit filloi të persekutohej nga organet qeveritare turke, madje u dha urdhër të internohej në Halep të Sirisë. Mundi t'i shpëtojë internimit, kaloi në Korfuz dhe prej andej në Vlorë. Mori pjesë në Kuvendin e Dibrës, si përfaqësues i Klubit "Bashkimi" të Janinës.

Në vitin 1910 u kthye në Stamboll, pas rënies së kabinetit që e internoi. U emërua sërish nënprefekt, por me kusht që të punonte në viset shqiptare. Deri në 1912 punoi si nënprefekt në Akseqi, Ellgen dhe Boskër të Vilajetit të Konjës në Anadoll. Pas shpalljes së Pavarësisë, Ismail Qemali, i besoi atij detyrën e Sekretarit të Përgjithshëm të Presidencës të Këshillit të Ministrave, ku qëndroi deri më

22 janar të vitit 1914. Më pas punoi për disa kohë si nënprefekt i Fierit e kajmekan i Ballshit. Pas largimit të Princ Vidit shkoi disa kohë në Itali e u kthye sërish ku administrata lokale e caktoi sekretar të përgjithshëm (10 nëntor, 1915 - 1 janar, 1917). Pushtimi italian e gjeti nënprefekt, por, meqenëse kundërshtoi pushtimin, u pushua nga puna. Nga 20 dhjetori i vitit 1918 gjer më 5 nëntor të vitit 1920 ishte kryetar i Bashkisë së Vlorës. Në vitet 1921 - 1922 ishte kryekëshilltar i qeverisë dhe më pas sekretar i përgjithshëm i kryeministrisë. Më pas u caktua konsull në Trieste, ku qëndroi deri në fund të prillit 1925. Po atë vit u emërua "Zëvëndës i ngarkuar me punë" në Sofje e më pas, po aty, "sekretar i parë" dhe "i ngarkuar me punë". Në vitet 1930 - 1932 ishte ministër i akredituar në shtetin grek. Më 1934 përsëri është kryetar i Bashkisë së Vlorës deri në prag të pushtimit fashist 1939, ku u emërua anëtar i Këshillit të Lartë në Tiranë. Pak kohë më pas u largua nga jeta politike dhe vajti në fshatin Vajzë të Vlorës. Pas çlirimit është ndër të parët themelues të Lidhjes së Shkrimtarëve dhe Artistëve. Deri në vitin 1952 mbahej nga të ardhurat e pakta nga përkthimet për llogari të Institutit të Shkencave, por kjo mundësi iu pre më vonë.

Vdiq në Tiranë në 20 dhjetor 1966.

Hakërrim

Që nga Korça gjer te Shkodra mbretëron një errësirë,

nëpër fusha, nëpër kodra, vërshëllen një egërsirë!

Pra, o burra, hani, pini, hani, pini or' e ças,

Për çakallin, nat' e errët, është ras' e deli ras'!

Hani, pini dhe rrëmbeni, mbushni xhepe, mbushni arka,

të pabrek' ju gjeti dreka, milionier' ju gjeti darka!

Hani, pini e rrëmbeni, mbushni arka, mbushni xhepe,

gjersa populli bujar t'ju përgjigjet: peqe, lepe!

Ai rron për zotrinë tuaj, pun' e tija, djers' e ballit,

ësht' kafshit për gojën tuaj. Rroftë goja e çakallit!

Shyqyr zotit, s'ka më mirë, lumturi dhe bukuri,

dhe kur vjen e ju qan hallin, varni buz' edhe turi!

Hani, pini dhe rrëmbeni, është koha e çakenjvet;

hani, pini e rrembeni, ësht' bot e maskarenjve;

Hani, pini, vidhni, mblidhni gjith' aksione, monopole,

ekselenca dhe shkelqesa, tuti quanti come vuole!

Nënshkrim i zotris suaj nëpër banka vlen milion,

ju shkëlqen në kraharuar decorata "Grand Cordon"!

Dhe kërkoni me ballhapur (!) komb i varfër t'ju thërres'

gjith me emrin tingëllonjës: Ekselenca e Shkelqes'

dhe të quheni përhera luftëtar' e patriot',

në ka zot dhe do duroj', poshtëëë ky zot, ky palo zot!

Grand Cordon i zotris'sate, që në gji të kan' vendosur,

ësht' pështyma e gjakosur e atdheut të vremosur;

dhe kolltuku ku ke hipur, duke hequr nderin zvarr',

ësht' trikëmbshi që përdita varet kombi në litar!

Dhe zotrote kullurdise, diç, u bëre e pandeh,

kundër burrit të vërtetë zë e vjell e zë e leh!

E na tunde, na lëkunde, nëpër salla shkon e shkunde,

mbasi dora e armikut ty me shok' të heq për hunde.

Rroftë miku yt i huaj, që për dita los e qesh,

të gradoi katër shkallë, pse i the dy fjal' në vesh!

Koha dridhet e përdridhet, do vij' dita që do zgjidhet

dhe nga trasta pem' e kalbur doemos jasht' do hidhet!

Koha dridhet e përdridhet, prej gradimit katër shkallë

nuk do mbetet gjë në dorë veç se vul' e zezë në ballë!

Mirpo ju që s'keni patur as nevoj' as gjë të keqe,

më përpara nga të gjithë, ju i thatë armikut: "Peqe!"

Që të zinit një kolltuk, aq u ulët u përkulët,

sa në pragun e armikut vajtët si kopil u ngulët!

As ju hahet, as ju pihet, vetëm titilli ju kihet…

Teksa fshat' i varfer digjet… kryekurva nis e krihet!

Sidomos ju dredharakë, ju me zemra aq të nxira,

ju dinakë, ju shushunja, ju gjahtar' në errësira!

Ç'na pa syri, ç'na pa syri!… Hunda juaj ku nuk hyri:

te i miri, te i ligu, te spiuni më i ndyri!

Dallavera nëpër zyra, dallavera në pazar,

dallavera me të huaj, dallavera me shqiptar'

Vetëm, vetëm dallavera, dhe në dëm të këtij vëndi

që ju rriti, që ju ngriti, që ju ngopi, që ju dëndi!

Nëse kombi vete mbarë, nesër ju veproni ndryshe,

dylli bënet si të duash, kukuvajk' dhe dallandyshe…

kukuvajka gjith, me lajka, nesër silleni bujar,

nënë dorë e nënë maska, shkoni jepni një kapar!

Hakërrim – Poezi të zgjedhura

Dhe kujtoni tash e tutje me të tilla dallavera

kukuvajka do përtypi zog e zoga si përhera…

Ja, ja grushti do të bjeri përmbi krye të zuzarve,

koha është e maskarenjve, po Atdheu i shqipëtarve!

Edhe ju të robëruar, rob në dor' të metelikut,

fshini sofrat e kujtdoj', puthni këmbën e armikut!

Që ta kesh armikun mik e pandehni mënçuri,

mjafton bërja pasanik, pasanik dhe "bëj" i ri,

dhe u bëtë pasanik, me pallate, me vetura,

kurse burrat më fisnikë, japin shpirtin në tortura!

Vëndi qënka sofr' e qorrit, vlen për goj' e për lëfytë,

bëni sikur veni vetull', shoku shokut krreni sytë…

Dhe për një kërkoni pesë, po më mir' njëzet e pesë.

Le të rrojë batakçiu dhe i miri le të vdesë!

Po një dit' që nis e vrëret do mbaroj' me bubullimë,

ky i sotmi zër' i errët, benet vetëtimë

dhe i bije rrufeja pasuris' dhe, kësi lloj,

11

nuk ju mbetet gjë në dorë, vetëm një kafshit' për goj'!

A e dini që fitimi brënda katër vjet mizor'

nuk ësht' yti, nuk ësht' imi, është i kombit arbror,

ësht' i syrit në lot mekuar, ësht' i vëndit djegur, pjekur,

Ju do thoni si të doni… po e drejta dermon hekur!

Vetëm jeta s'mund te matet

Dhe ajo qe m'u duk mua e perhershme shkoj e vate

Vate jeta ime vate, me la vetëm një kujtim

S'di, i ziu, c'është kujtimi: Vetëm shkrep si vetetime

e me ndrit e me tregon gjurmezat e zoteris' sate

Thone lindi me kemishe, për atë qe paske fate'

meqë unë te dua ty, paskam lindur me kemishe

s'di, i mjeri c'është kemisha, vetëm ish ashtu si ish

midis mishit dhe kemishes futej dor' e zoteris' sate

Thone paska paraise, gjith' lulishte e pallate

tufa, tufa me hyjrira, vargje vargje me humrira

s'di, i ziu, c'është hyrija, por hyrirat me te mira

s'mund te ken', t'u befsha unë, atë zjarr te zemrës sate

Paska vende gji-ergjend e pallate me shtatë kate

ku ka defe, ku ka qefe, ku ka çupa më kaçupa

s'di, dhe s'di, se c'është kaçupi, me pëlqen me tepër kupa

kur ma mbush e kur ma jep, ajo dorë pa mekate

Dy te tretat e një kohe, te një shekulli qe vate

vate jeta ime vate, me 'te bashke van' dhe fatet

s'di, i ziu, se ku vane, vetëm jeta s'mund te matet

veç me ditet qe kalova, ne prani te zoteris' sate

Do t'i shtrydh të dy sytë

Un' jam un', saksi e vjetër!

Lule gjirit që stolisa shkoi stolisi një gji tjetër

Un' e nisa e stolisa me ç'i jep e s'i jep sisa

dhe me këngë ylyveri buz' e gushë ja qëndisa

Nëpër vapëz i dhash' hijem nëpër hije er' e shije

i dhash' shije poezie, gjith' fuqit' e një magjie

gjith ato, që fllad i ëmbël nëpër lule mbar e bije

ar' e diellit me tallaze, ar' e hënës fije-fije

dashuria me dollira dhe me thelp lajthije pije...

Po u bë ajo që s'bënej, si, pra, zemra do duroj',

syri lotin ta qëndis, loti syrin ta harroj?

Si, pra, zëmra do durojë un'saksia tash të vuaj

edhe këngë e gjirit tim të këndoj' në gji të huaj?

Un' e nisa i stolisa me ç'i jep e s'i jep sisa,

dhe me këngë ylyveri buz' e gushë ja qëndisa

buz' e gushë ja qëndisa, e ormisa mu në zëmër

plasi hëna ziliqare që shikonte me sy vëngër!

Më së fundi i dhash' lotin, kryepajën time pajë

i dhash' lotët që pikonin ku i shkelte këmbë e saj'

i dhash' vjershën time valë, dy herë valë tri her' zjarr

që buçet në maj të penës edhe bënet këng e marr'

këng' e marr' e mallit tim, që tani e paskëtaj

do t'i shtrydh të dy sytë nëpër gjurma të asaj!

Zonja Lu

Një ditë dola për shetitje,

Afer udhes ne varreza

Pashe një zonjë me shumë habitje

Veshur krejt me rrob' te bardhe

Duke i bërë veri një varri,

Qe ti besh veri një varri

Është pune e një te marri.

Iu afrova.. një flori

Mrekulli një bukuri...

Dore e saja vente vinte

Ben veri e bën veri!

E un' tepër i cuditur

I them zonjes te me fale

Dhe si gjysëm ngushellimi

Peshperita dy- tre fjale

Dhe iu luta te më thoshte

I kujt është ky varr i ri

Varr i fresket e i njome

E përse i bën veri?

Zonja kuqet e sterkuqet

Ben te thotë e nuk me thotë

Nuk me thotë asnjë përgjigje

Lutja ime vajti kot.

Rrobe e bardhe qe kish veshur

Me tregoi se mbante zi

Sado heshti buzë e kuqe

Foli syri saj i zi!

Lem te lutem.. dhe vazhdoi

Përsëri e përsëri...

Dore e saj s'kish te lodhur

Ben veri e bën veri...

Nuk me ikej nga meraku

Po kur shoh se aty afër

Po ma bën me dorë një grua

Ajo ish një plake e varfer

E me thotë eja e di unë

Të rrefej se c'janë ata,

Atë varr e atë grua

Ne me jep disa para!

Edhe unë more zoteri

Me këto parate e tua

Shkoj e blej një nuske nga prifti

Të me zgjatet jeta mua,

Pse ne vendin ton' te dashur

Me fuqirin e florinjve

Edhe jeta blihet shitet

Rrofte magji e prifterinjve!

Tash ajo qe pyesni ju

Është zonjë e një poeti

Edhe quhet zonja Lu.

Varri është i te shoqit

Ish poet i madh i vendit

Qe peshohej këngë e tija

Me derheme te argjendit!

Burre e grua mish e thua

çift i ëmbël, çift me shije

çift o çift qe s'ka te dytë

si dy kokerra qershije.

Një ditë burri u semur

Dy plevite ne një vend

Një semundje shumë e rëndë

Zonja Lu u prish nga mend

Dhe i thotë burrit te saj

Nëse mbyllen sytë e tu

Unë veten do ta vras

Dhe bëj be qe atë çast

Me ke pranë e me ke pas

Ti ma bërë shtratin tim

Kryefron te dashurisë

Dhe unë varrin tënd do ta bëj

Shtratin tim te nuserise.

Jo, te lutem-i thotë burri

Shumë te lutem mos e bëj

Mirë athere, unë do mbetem

Gjithë jetën një e ve

Jo, te lutem, Luja ime

Mos e bëj dhe këtë be

Si pra unë te duroj

Ne me zente kjo rrebe?

Pra te paktën do të mbyllem

Dhe do rreshkem disa vjet

Jo, te lutem Luja ime,

Është e shkurter jetë e shkrete.

Vetëm prit e ki durim

Sa te thahet varri im.

Tash poeti ra e fjeti

Ra e fjet' për mote jetë

Gjeme e madhe qe e gjeti

Zonja Lu thërret bertet

Me oi e me oi

Për atë qe benej fli

Një minute e dy vili!

Ç'me gjet mua,çme gjet mua

Ulurin e zeza grua

U plagos, u shkaterrua

U Plagos e u gjakos

Me bicakun e fildishte

Fije fije bëri floket

Cope cope i bëri mishte.

Pas dy ditëve vjen një djalë

Një djalosh një bukurosh

E i thotë zonjes Lu

Ti shëndoshë e unë shëndoshë

Ti e unë një çift i ëmbël

Çift i bukur,çift me shije

Çift, o çift qe s'ka te dytë

Si dy kokerra qershije.

Mirpo zonja është besnike

Ka dhënë fjalën ka bërë be

Sa te thahet varri burrit

Doemos do rrije e ve

Meqë varri është ifresket

Është i njome e është i ri

Qe te thahet shpejt e shpejt

Zonja Lu i bën veri!

Vlora, Vlora!

Jam vlonjat e jam vlonjat,

e kam shkabën mëm' e atë,

shkaba trime dykrenore

fron' e saj e ka në Vlorë!

Vlora, Vlora, Vlora, Vlora,

rroki armët, bëja forra!

Vlora trime shqipëtare

si rob jetën s'e do fare,

a do mbetet Shqipëri,

a do bëhet tym e hi!

Vlora, Vlora, Vlora, Vlora,

rroki armët, bëja forra!

Jam vlonjat e jam burrë,

s'duron burri zgjedhë kurrë,

jam vlonjat e si vlonjat

di bëj luftë me të shtat'!

Vlora, Vlora, Vlora, Vlora,

Bjeri, moj, t'u lumtë dora!

Jam vlonjat dhe trim me besë,

rreth flamurit di të vdesë,

a me hirëë a me pahirë

doemos do rroj i lirë!

Ali Asllani

Ç'do të thotë patriot?

Ç'do të thotë patriot

sot për sot në Shqipëri?

Një tuf' ah e një tuf lotë,

një njeri i pa njeri!

Jo, jo! Burri i bën ball'

do buçit si val' mbi zall,

Sa më zi edhe më zi

sido qoftë pun' e tij,

copë-cop' i bënet buza

po aspak s'i falet shpuza.

Sikurse një gur stërrall,

në gji zjarrin e ka ngjall,

qoft në lum' e qoft' në det

zjarr' i tija nuk humbet!

Një vështrim i arratisur

Një vështrim i arratisur

Nga qepallat e qendisur

Ku është shpirti im skalisur,

Nga dy syt' e zez te tu

Vjen me thotë ashtu-kështu!

Me thot' jo edhe me ndez

Me thot' po edhe me vdes

Nata zgjatet edhe zgjatet

Ah kjo nat' me or' nuk matet!

E un' mbetem duke lutur

Lutem yjeve te keputur.

Dhe un' lus e kerkoj ty,

Atë vetull, atë sy!

Se ne syrin tënd te zi

N'atë sy te zi, mazi

Shenj' e buzes sime duket

Si një prush ne re kur muget!

Ali Asllani

7 PRILL 1939

Shtatë prill...

Kopilove o kopil

E u lute u këpute

Njëqind pash në dhe u fute!

Natyrisht një tradhëtor

Spor e fisit arbëror

E pret hasmin me daulle

Kur gjen ditën ta bën pulle!

Na e gjeti dhe na ra

Vret Shqiponjën që s'u vra

Nuk u vra dhe nuk do vritet

Posht perpjet me vrull vërtitet!

Ja dhe hymni që na thurri

Hymn'i zi i një qivuri:

"Eja, eja alala

Të na rrojë Duçeja

Duçeja guguçeja

Le të rroj' edhe flamuri

Sa për sy e për bela!"

I pabesi ta dij', pra

Ndër kasolle me një tra

Që nga Shkodra gjer në Dropull

Rron ai që i thon' popull!

Ajo dor' që rreh dybekun

Di ta mbush edhe dyfekun

Në se ditën çan ugar

Edhe natën thurr litar

Thurr litar e kalit grushtin

Dhe e var nga këmbët pushtin!

Ali Asllani

Dëshpërim dhe shpresë

Edhe sot e këtë orë,

edhe sot ajo stuhi,

ajo flamë-madhe dorë

do na bëjë tym e hi!

Komb i varfër, komb i gjorë

si një zok i pafole,

një pëllumb i bardhë borë,

ngeli keq në një rrëke!

Që nga korça gjer te Shkodra

fat'i vendit errësirë,

nëpër fusha, nëpër kodra

fryn e çfryn një errësirë.

Komb i varfër, komb i mjerë,

i pamëm'e pa atë,

shpresa jotë këtë herë

si një fletë në deg'të thatë.

Komb i varfër, kombi i mjerë,

derëzi e punëzi,

edhe sot si kurdoherë,

një njeri i panjeri!

Jo, se, ja edhe hëna mbrëmë,

dukej kredhur në një rrobë,

edhe nxinte si një mëmë

që ka mbetur qyqe korbë!

Mirpo sonte bukuri,

buzë e saja burim gazi,

edhe nga gjiri i saj zbrazi

vargje, vargje, drit flori!

Nuk e di se gjysh e si,

nuk e di se qysh nga se,

po nashti një shpresë e re,

shtin e shkrep në sytë e mi.

Do na zhduket errësira,

do të zhduket ajo dorë

nesër vjen me shumë të mira

shkaba jonë dykrenare.

Nën hijen e asaj

pranvera asht përhera,

që nga fundi gjer në maj

rreth e rrotull ylyvera.

An'embanë bukuri,

komb i lirë, tokë e lir

shqipëtar e Shqipëri

sa të lumtur, sa të mirë!

Ali Asllani

Hanko Halla

Pjesa e parë

I

Halla ka marr' mashën, urat po i shkrep

edhe merr e jep,

trungu i ullirit digjet me gazep,

digjet mala-mala, sidomos bujashka;

në dimër, moj motër, zjarri shum' u dashka!

Dhe, i lumtë goja kush e tha më par'

xhan e shpirt, o burrë, xhan e shpirt, o zjarr!

Buk' të that' në sofër, buk' dhe asgjë tjatër,

po agai sa malet edhe zjarr në vatër!

II

Rreth e rrotull zjarrit nunuris njeriu,

si gjithkush të tijat plaku dhe i riu…

Fjala e të rinjve çelet me përrrallë

me një gjum' të ëmbël gati mbi qëpallë:

Ç'është njëz'e njëzë, ç'jan'ata dervishë,

Ç'jan' ata dervishë, kryet me fildishë?

ç'ësht'ai që s'hahet, ç'ësht'ai që s'pihet

edhe nëpër xhepe kurr' e kurr' nuk vihet?

Fjala e të rinjve çelet me përrallë

Brezi yn'po dihet, zëm'e qajmë hallë…

Një ka bër' të mira, po s'ka par' të mira

tjetri qënka pjekur keq në takllaira;

plagve të atia nuk iu gjend melhemi

dertet e këtia nuk i merr kalemi;

njëri s'paska miell, tjetri s'paska thes,

fund' i fjalës bota qënka e pabes'!

Muaj i shënëndreut, muaj i flamosur

ngryset edhe s'gdhihet, nata s'ka të sosur

Shum'i hidhur qënka, shum' e shum' po thuaj

sa dhe pulat s'pjellin brënda këtij muaj.

Enët mbahen mbyllur, qypa, shtëmba, butet,

pasi karakëshi vjen e brënda futet!

Netët shum'të errta, dita shum'e vrazhd',

mbetëm mu si patat mbyllur në një grazhd;

pa le llafazankat vin'e na bezdisën

pasi kot së koti zën' e kakarisën;

ruana zot nga fjala, zgjatet edhe zgjatet

sa me pash' njeriu s'ka se si të matet!

III

Xhiko xhevahirja, Halla dhe Xhixhia

Krushka Hanko Shega edhe xho Inxhia

Bulla Qeribaja, dadara, gegera

zonjat e mëhallës që na vin' ngahera

veshur kadifera, veshur me shalira,

rroba rrob' stambolli, s'paska më të mira!

S'paska më të mira, po për sy të ballit

bora më e pastër ësht' në maj' të malit

rroba më e pastër ësht' mbi trup të Hallës,

mu si shkum' e bardhë mu në sup të valës!

Edhe rreth'i Hallës, rreth' i atij gjiri

ruaj zot nga syri, mu si prush floriri

Duket der' e parë, bukuri e derës

çquan mbi katër stina stin' e paraverës!

Ngulur mbi shiltera, gjith' ato shiltera

hapur gjer te dera, shum'e shum' të vyera

me ixhat Janine lule ylyver

dy mexhide topin Halla i ka bler'!

Pa dëgjoni, zonja, - nisi Halla plak'-

do ju them një fjalëz, fjalë pa kapak!

Erdhi koh' e keqe, koha e flamosur

na u prish dynjaja, bota ësht'marrosur!

Sot një lajmës erdhi, e mir' se na erdhi

pati çar nuk pati një nga një i derdhi'

lajkat më të rralla, lajkat më të holla…

mbret mbi pem' limoni, mbretëresh' dhe molla…

Fjala vinte rrotull, rrotull e vërdallë,

ç'do t'i thot' limonit moll'e kuqe vallë?

Thuaj e thuaj e thuaj edhe shum' përralla

her' i terej zëri, her' i terej fjala

her' i terej fjala, her' i terej zëri,

dalë me ngadalë mos këputej përi

her' i çelej buza, her' i çelej gazi

dha e dha e mbushi... pasandaj e zbrazi:

Qenka mos na qenka, një hadi bilmes

na e do për nuse çupën time mbes'!

Fët e fët e mora një kongjill nga zjarri

nxora dhe nga xhepi një gjerdan prej ari:

"Na – i thash', - trazoj', nuk trazohen kurrë

njëri për në gusha, tjetri për në furrë"

U më marrt' të keqen dhe m'u bëft' kurban

far e fis i tija anemban' ku jan'!

IV

Halla thot' të drejtën, çupa si dy sytë

si do bënej nuse, nus' e derës s'dytë,

kurse Hanko Halla rrjedh nga der' e parë!

Bota të mos kishte disa pashallarë

soj i Hanko Hallës do ta kish me hak

që të kish saraje dhe të kish oxhak;

Halla do të quhej Halla Pashallesh'

fjal' e saj do të ishte mu si vëth në vesh;

Halla do të bënte si t'a kish istekun

eja-ik mileti, merr e puth etekun!

Gjyshi paska pasur shum' para të thata

paska pasur arqet plot me kollonata

paska pasur mbushur arqe e sënduqe

me para te bardha, me lira të kuqe

gjalp' e vaj' i tyrej derdhej si përrua

katër teste qypa kishin në katua,

katër teste qypa, katër teste zgjoje

mbushur me pekmeze, mbushur mjalt' e hoje!

V

Pastaj – vazhdon halla – patëm disa halle

malet u bën' fusha, fushat u bën' male;

fushat u bën' male, malet u bën' fusha

humbi dhe floriri varur nëpër gusha!

Dale me gadale humbën gjith' te mirat

humbi dhe xhanfesi, humbi dhe atllasi

prej te katër anëve damëllana plasi!

Humbi arm' e burrit , humbi pall' e lar'

humbi rrob' e gruas kredhur gjith' në ar!

S'mbeti ar në xhepe, ari shkoi e shkriu

s'mbeti gjak në zëmra, gjaku i burrit ngriu!

Ku ësht' brez' i vjetër, brez që s'bëri mes?

Dhe që di e shuan dhe që di e ndes?

Flok' i zi i tyrej si lele asllani

ball i gjer' i tyrej digjej yll karvani;

fjal' e fort' e tyrej një e njësh me vulë

shtati i holl' i tyrej hedhur sa një kulë!

Ku ësht' Labëria, Labëri e parë

vënd' i jataganit, vënd' i pallës s'larë?

Ku ësht' zonj' e vendit, dor' e llër çelnik

qaf' e çap' sorkadhe hedhur me deftik?

Qaf' e çap sorkadhe, me deftik vërvitur

dhe me thelp lajthi rritur e gostitur?

Ku jan' ato fëmra, fëmra deli fëmra?

Ku jan' ata meshkuj me një teste zëmra?

Njëri mu si lisi, tjetri mu si shkëmbi

më së fundmi mortja erdhi e i shëmbi!

Ku ësht' Fejzo Xhafua, dif i vëndit tënë?

Rrapua i Hekalit , burr' i ler' me hënë?

Çelua i Picarit, Çelua i Athinës

krisma e rrufeve, gjëm' e suferinës?

E ku ësht' Gjoleka, kryetrim i Kuçe?

E ku jan' këmishat përmbi gju hajduçe?

E ku ësht' xhyzdani, folla e pallaska?

Pa këto Arbreshi fare hije s'paska!

Tepër dredharake qënka kjo jallane

E ku jan' Ajanët, burrat hane-hane

pleqësi e vendit veshur me fustane?

Veshur me fustane, hej…fustan' e shkretë…

humbën parësia, humbe dhe ti vetë

lisit të gremisur më s'i mbeti fletë!

VI

S'mbeti bor' në male, bora paska shkrirë

43

s'mbeti uj' në fusha, ujët paska ngrirë

Fusha paska dimër, mali paska vapë

sqifi dhe sorkadhi humbi krah e çapë!

Mu në mes na theu dynjallëku i shkretë

nuk na mbetën lule, nuk na mbetën fletë

fletët na kan' rar', pendët na kan' rar'

nuk na peshon bota fare në kandar!

S'mbeti der' e hapur, humbi salltaneti

humbën zijafetet, humbi muhabeti

Plasën duke thirrur rroft' e qoft' mileti

që të rroj' mileti, u bë kijameti

ja, edhe mileti nashti u bë popull

dhe nga sherr i tija mëndja na vjen rrotull!

Populli si deshi bëri një kanun

që t'i thot' agait, bujku: "si ti, un"

Si ti, un' moj motër , dhe s'ta ka për pes'

breh Valiu i Korçës, fare dinglemes

i zot' i hostenit vjen e të merr pjes'

i zot i femanit mbet me duar në mes!

Mu si lesh arapi bota u trazua

duaxhiu i djeshëm sot na u harvua

jo vetëm ha bukën edhe përmbys kupën

po guxon e dashka dhe për grua çupën!

VII

Mbylle, më thon' djemt, tepër plak njeriu

bënet mëndjevogël mu si çilimiu

qënka si çdo plak

ena pa kapak!

Mir' po un' s'jam plakë, mermur i harbuar

shtatdhjet' e dy vjeçë vakti më ka shkuar

Un' e mbaj mënd mirë, isha goxha keçe

kur u bëra nuse isha njëzet vjeçe

rrojta e martuar dyzet e dy vjet

dhe tridhjet ka burri që ndërroi jet'

bëni mir' hesapin, dalë, me ngadalë

ky harbut memur rrenacak do dalë!

Më par' kishim hoxhët me divit në bres

shkruanin mbar' e bukur, shkruanin me kujdes

jo vetëm deftera, po edhe duara

doktor e reçeta s'kish në koh' të para!

Me këto reçeta, me këto gënjeshtra

u helmua gjaku, u helmua eshtra;

zjarr në zemër s'mbeti, vajti e u shua

dalë me ngadalë burri u bë grua!

E ku qënka parë e ku ësht' dëgjuar

që të hapi fëmra gji e kraharuar

dhe të shkoj' përpara, burri t'i vej prapa

ky pa hedhur çapën, femra hedh tri çapa?

Nuk i merr kalemi gjith' këto hesape

kur që dor' e burrit futet në çarape

llër' e gruas dolli lakuriq në shesh…

Gjën shejtani shesh edhe bën përshesh !

VIII

Mir' për na të parët s'mbeti fjal' e vend

brez'i ri vall ç'pati që u prish nga mend?

Gjeti çar nuk gjeti, pati çar nuk pati

amanet nga nëna, amanet nga ati

gjith'ato zakone, gjith'ato zanate

gjith'ato që ishin burime, irate

si ato të burrit dha ato të fëmrës

thell' e thell' rrënjosur mu në thelp të zëmrës

dhe për vendin ishin eshk' edhe stërrall

që në gji të burrit zjarr' e mbajn gjall'

zjarrin e Arbreshit, zjarrin e vatanit

zjarrin që bën vendin, vend i jataganit!

Sidomos, moj motra, punën e tezgjahut,

që punonin zonjat me fuqin' e krahut

me djersën e ballit

punëra që tregonin shpirtin e të gjallit;

guna e mëngore, linja e jelekë

leshin na i çonte stani deles bejkë;

gjith' ato që ishin prokopi e tija

dhe për hera mbahej shtëpi e fëmija

gjith' ata që thoshin: "jemi gjith' Arbresh"

keq a mir' të ishin dhe kudo të jesh

një nga një i hodhën mu si gun' të grisur

deh, moj kok' e krisur, puna e mavisur!

Një nga një i hodhëm mu si gun' e vjetër

dhe nuk qem' të zotët që të bënim tjetër

Pa po mbetëm drangull…në shi e në djell

mbytur nëpër halle thell' edhe më thell'

Mbytur nëpër halle si nje frënk myflis

me një pallto kashte hedhur mbi kurris

dhe një palo shapkë me një pal' shallvare

dhe më keq akoma, që nuk vete fare

veshur benevrekë ose një poture

dhe në rrip të mezit varur një kobure!

Jemi bër', moj motra, ç'far' të them nuk di

gjysm' e trupit zok, gjysm' e trupit mi!

XI

Ku jan' ato kohra, kohra të ergjëndit

kur na sillej qielli si baba i vendit?

Po ashtu dhe shiu, po ashtu dhe dielli

kurse na i deshim binin që nga qielli;

me të hapur gojën qielli na i çonte

mu në mes të vapës shi flori pikonte!

Ku jan' ato kohra të ergjëndit

që dhe hëna sillej mu si nën'e vendit?

Pra dhe beja bënej po për atë hënë

po për atë nënë

për djell, e për qjell

dhe për atë zot q'ësht' më i thell'!

Nashti kur betonet burri thot': "për nder"

be' e par' dhe feja mbeti pa një vler';

bota u çkallmua, puna u trazua

burri u bë grua, femra u harbua

hoxha e u bë prift, prifti u tërbua

dhe, gjynah mos qoftë, bënet mish e thua!

vera u bë dimër, dimri u bë bishë

shiu na i kalbi mish edhe këmishë!

Gjëja më e vyer mbeti pa një vler'

e pra hund e botës duhej pakëz thyer…

Edhe mir' u thye

pa kapell' në krye

mu si njeri pylli

humbur vul' e ylli

del e shëtit burri…

Vdiqën duke qeshur turku dhe kauri!

Çdo gjë e ka humbur, humbi dhe pusullën

s'ka në dor' as kokën që të vër' kësulën!

X

Korr atë që mbolle, thënka fjal'e vjetër

ja, nga an'e zotit dhe vërejtje tjetër:

vinte ramazani, dimër qoft' o verë

kthehej nga Qebeja hëna, me një herë!

Nashti edhe hëna zuri shikon vëngër

Pasi kemi ndjekur udhën më të shtrëmbër!

Pa vështroni hoxhët që aty më parë

shkruanin si desh' zoti, me kalem të mbarë

vinin nga e djathta, venin në të mëngjër

nashti, t'i haj' ujku, zun' e shkruajn shtrëmbër!

Gjith' këto gjynahe nuk i lan as deti

duket që afroi koha kijameti

Thënka dhe qitabi: rob' i kësaj jete

dale me gadale nuk do jet' në vete

sa që do harrojë portën e gjitonit

sa që do pështetet' degës së rigonit!

XI

Halla aty heshti, hoqi thell' në zëmër

diçka iu kujtua, sikurse një ëndërr...

Një kujtim i vjetër erdhi e qëlloi

si një yll i djegur flak' e fill kaloi!

"Ai" i kujtonet, veshur me fustane

në një dor' tespihet vark e radh' merxhane

dhe në dorën tjetër një çibuk sermaje

rrahur me sadefe, gurë qehribaje!

Vula dhe sahati varur për mbi gryk'

dhe mbi supe hedhur atë goxha qyrk

Dredhur dhe mustaqet, dredhur e përdredhur

brenda në silahe dy pisqolla kredhur

Kredhur dy pisqolla dhe harbin'e artë

shpatullat një pash, koka atje lartë

varet nga haremet, zbret ne zapanara,

zapanat' e shkreta, zapanat' e para!

Kur ia hipte kalit, kali qyhelan

edhe shkon revan

edhe qahjaj pas

me një dor' në vithje...zëmra fryhej gas!

kali si dragua

katër vetëtima shkrepte një potkua!

Ah! - thot' Hanko Halla, - kur ish "Ai" gjallë

kurr' nuk bënte "gëk" njeri në mëhallë! -

"Ai" na thot' Halla, - pasi fëmra kurrë

s'mund t'i flas' në emër burrit që ka burrë!

XII

Tym e re e mjegull dhe në mes të saj

çquan një drit' kandili terur e pa vaj...

çquan një drit' e varfër, çquan një drit' e shkret'

s'ka fuqi të digjej, ka fuqi të vret

si një sy i bukur, flak' e lot shteruar

gati për t'u mbyllur, gati për t'u shuar!

Çdo kujtim i ëmbël po kështu na duket

kurse dit'e jetës ngryset edhe myket

Kurse dit' e jetës iku e u ngrys

duket sikur bota vajti u përmbys!

E ...çfar ësht' kjo jetë? Nuk e di kush thënka

qënka mos na qënka, një kujtim na qënka

Vdiqe - të qan tjetri, linde - do qaç vetë

midis të dy lotve një kujtim i shkretë

Pjesa e dytë

I

Hallës nuk i hahet, Hallës nuk i pihet

me të ren'e saja fare s'po i kihet

Nusen nuk e dashka sa në od' s'e qaska

dhe që kur se erdhi, hal' në sy e paska!

Dhe që kur se erdhi Halla paska thënë

nuk më duket nusja nuse për të qënë

Lum shtëpi e babës diti dhe e nxori

mjer' shtëpi e burrit, ra në lak e mori!

Tani – vazhdon Halla – si do ia bëj hallit?

Çar t'i bëj zemanit, pa për sy të ballit

do i thoshja djalit jepi pak e hak

edhe ktheje prapa, bosh me tre tallak!

Shko andej nga erdhe, erdhe kot së koti

se paraja kallpe vete te i zoti!

Çar t'i bëj zemanit, shum' zeman i keq

shum'i rënd' për plaka, shum' i rënd' për pleq

hoxha nuk trazohet, kadi' nuk na mbeti

me të tilla femra hall i math na gjeti

Hall i math me nuse, hall i math me çupa

një lëkur kunadhe hedhur përmbi supa

tunden dhe lëkunden dhe në mes këputen

nëpër duar shkasën, po në zëmra futen!

Pun' e tyrej vetëm lahen edhe lyhen

edhe nëpër valle ven' e vin'e thyhen;

Femra me një mashkull, vallja vet'i dytë

plasur dell' i ballit, më u plaçin sytë!

Gjith' me flok' të prera

jo alla garsone, jo alla bebera

me një llër të freskët nëpër djell të thekur

me një trup të zeshkët nëpër kum të pjekur

gji e gusha hapur digjen ylyver

me një mes të hollë gati për t'u thyer

Me një buz' të kuqe shum' e shum' të nxehur

dhe me atë vetull tej për tej të prehur

me ato veshtrime mu sikur të lutet

gjan se halle-madhes shpirti i këputet;

me ato kapelle varur gjer në vesh

zjarr' i xhehenemit dolli krejt në shesh!

Jo, moj xhane, kurrë s'mundem që ta heq

që të thon' se nusja ka një huq të keq;

na fle e na ngrihet kur asaj i teket

dhe i bën qepallat sikur qan e meket!

Brënda s'e mban vendi, gjan se u çkallos

jasht' na shkon përpara si një koçollos

me dit' e me orë zgjatet e mbufatet

me hije të saja afër darkës matet!

II

Nus' e kësaj kohe tjetër zanat s'paska

a do marr' kalemin që të bëj' laraska

a do zër të shkruaj ose do dëgjojë

një kuti të vogël që na flet me gojë

Një kuti të vogël që mos qoft' të jetë

ësht' një frënk i marrë, çirret e bërtet!

Me një biz' në dorë bën sikur punon

këmbën përmbi këmbë nusja e dëgjon;

dhe çudi, moj motër, si e qysh duron!

Duket nga një herë zëri e lëndon

frëngu rri i qetë ose do bërtas'

nusja e humbet dhe i vete pas

frëngu e ngre zërin edhe sokëllin

nusja e lë përin edhe vërshëllin;

ai flet me vete, flet e flet përçartë

nusja s'ësht' në vete, bënet më e zjarrtë!

III

Halla do një nuse, nuse gojaplotë

si një zall të bardhë, si një zall të fortë,

me shami në krye an'e mban' qëndisur

dhe me flok' të gjata prapa arratisur;

dhe me flok' të gjata deri mu në mes

mu si nat' janari sa të thell' të zes;

me shami të hollë ball' e faqe hedhur

sa t'i duket syri në qepallë kredhur;

me flori në gushë hapur mu si prush,

si t'ju them, moj motra … pjergulla me rrush!

Rrall'e tek të duket, rrall'e tek të flas',

një thëllëz' e bukur mbyllur në kafas,

mbyllur në kafas një thëllëz' e bukur,

mu në mes të reve hëna në të dukur,

mu në mes të reve si hën' e si yll

ose si një xhinde fshehur në një pyll!

Halla do një nuse si edhe i biri

rrënjë prej ergjëndi, degat prej floriri,

me të folur Halla, nusja të hap' sytë

"Lepe" fjal'e parë, "peqe" fjal' e dytë;

edhe asgjë tjetër, vetëm "lepe", "peqe"

pasi zemr' e Hallës qenka si një qelqe:

po u thye, vajti, s'ka më, ngjite, qepe,

zogu i plagosur di të kap' me sqepe!

IV

Çupa – tregon Halla – nuk stoliset fare

që ta njohën bota zogëzën beqare;

po kur bënet nuse, nusja do të niset

me fleta me lule pema do stoliset!

Dora me kënah, koka me mazi

dhe në cep të syrit një gjëkafsh të zi,

"sevap" e "xhaiz" ësht' disa pika erë

sa t'i njom cullufet fresk'e bukur prerë!

Hajde dhe shaminë, sado ësht gjynah,

lëre që ta lidhi shtrembër në një krah!

Po të sillet bukur si dhe grat' e para

sidomos - thot Halla – dua temenara!

Temena e shkretë humbi si një ëndërr

vjen të merr nga sheshi dhe të vë në zëmër,

pasandaj në buzë, mbasandaj në kokë

aty ku ësht' vendi për miq'e për shokë!

Aty ku ish vendi për miq'e për shoqe,

kurse nashti femra, kokërr dhe karroqe,

vjen ta bën me kokë, pasi tash po thuaj

na u bën' frëngesha brenda disa muaj!

"Me një hër'u bëmë

Zoti ia bëft' frëngut shapkën sa një lëmë"

than' e bjer për dita rroba të mëndafsha,

rroba të mëndafsha, rroba kasht' e bar,

nusja për një manto jep dy grushte ar!

Gjith' pazarin nusja mu në od'e futi,

na u bë shtëpia magazi çifuti;

rroba për pasdreke, rroba për mëngjes,

rroba për në mjegull, rroba për në ves',

disa për në banjo, disa për në kum,

disa kur t'ia bëjë një daulle bum;

Disa për në çajra, disa për në valle,

ruana zot dhe rroba për në kanavale!

Disa për në dimër, disa për në verë,

tamëm sa për vjehrrën që të fryhet vrerë!

V

Mir'se mendjeshkurtër femra u harbua,

burri q'është burrë ç'ka që bënet grua?

Çdo gjë ka të ngjarë, po kurr' edhe kurrë

dorën e një femre nuk e puth një burrë!

Pa më thoni, zonja, si ka sy e faqe,

si mundet e bënet mashkull pa mustaqe?

Kurse be' e burrit, beja më me hije

dora në mustaqe bënej deri dije

dora në mustaqe edhe mos u tund

pasi fjal'e burrit aty merret fund!

Çdo gjë u ndryshua, çdo gjë u shkallmua,

koka u zbulua, këmba u mbulua,

kur në kohrat tona, me të hyr' që hyje,

kundra mbetet jashtë, festja përmbi krye;

nashti futet brenda çdo këpuc'e lyerë

dhe kapell' e pastër varet përmbi derë!

Pjesa e tretë

I

Halla paska pritur me them' e të thash',

sa u rrit shelegu edhe u bë dash;

nusja, ajo nuse, ndiz' e fal' cingar,

më shum' nga cingari nusja merret zjarr!

Nusja, ajo nuse, ari i shtëpis'

bëri këmb' e iku, xhepi u vithis.

Ari i shtëpis' bëri këmb' e iku

kur një nat' pas darke, një kokosh: kikiku!

Ish kokosh'i Hallës, një kokosh i bardhë

një kokosh që shokve nuk iu linte radhë,

kur ia thosh' i shkreti hipur përmbi shkallë,

zër' i tij, moj motër, ruante shtat' mëhallë!

Atë nat' - thot' Halla - bëri zë pa kohë

na u prish dhe moti, bëri shi e llohë,

koha u ndryshua, moda u ndryshua,

"Dua dy pal' rroba" nusja u harbua,

njërën e do klosh, tjetrën ohohosh,

zuri borxh'e parë dy mij' e ca grosh!

II

Një dit' më thosh' nusja, gjëra për të qeshur,

sa që më ra krahut dhe këmish' e veshur:

"Hall', në ke të holla mbetur e kursyer,

lëri në një bankë, vëndi më i vyer!"

Nuk e dinte nusja fjalën e të parit:

- Haje o i mençur, mallin e të marrit -

Ari, bija ime, ari i kursyer

vëndin e ka bukur brënda në qemer!

Me të thirrur : xhep!

xhepi të thot' : lep!

Ari në qemer, foshnja përmbi bel,

na i tha i pari që shikonte thell'!

Ka edhe të tjera, fjalë q'i merr era

mir'po nga një herë nuk i nxë as dera

ç'pret nga brez'i ri?

Gjëja më çudi s'quhet më çudi!

Nusja paska parë në qitap të ri

që përpara ligjit jemi një lloji,

edhe un', moj motër, zëre nga t'a zësh

me këdo një grua qënkam një e njësh!

Mir' i thash, moj bijë, po qitap' i vjetër

thënka një gjë tjetër:

Syri do t'i plasë, dora do t'i thyhet,

dora e mameshës që s'ju preu kryet

dhe ju la bela,

zjarr në xhep për burra, hal' në sy për gra!

Nashti jam mësuar

mu si maj' e malit me dëbor' ngarkuar!

III

Halla thot' të drejtën, nusja kur të flasë

para Hanko Hallës, fjalët mir' t'i masë;

nusja eci mëngjër ose shikoi vrëngër,

s'ka të bëj', se Halla, ka një deli zemër.

Femra në ka një, Halla na ka dy,

dhe sado që fajin bam ta thot' në sy,

sa her' na ka falur! Nusja na lajthitet,

kok'e falur s'pritet!

Të rinjt' e të rejat jan' si ditë prilli

rriten dita-ditës dhe si trëndafili

her' i deh bilbili, her' i deh veriu

her' po kot së koti dehen vetvetiu.

I riu - veriu thënka dhe i pari

fjala e të parit vlen më shum' se ari!

Si e re që është edhe nus' e Hallës

derdhet mu si vala, vala i ngjan valës;

po sado të derdhet mu si val' e detit

nonjë dëm s'i bëhet detit e kismetit!

Shkoni e shikoni valën që valon,

se sa shum' gjëmon, se sa pak gjykon'

me re' e me erë zë e guduliset

tundet e lëkundet dhe nga shtrati niset;

fryhet edhe fryhet duke ngritur kryet,

pasandaj i teket anës detit thyhet;

njëra shkon përpara, tjetra turret pas

njëra do përplaset, tjetra do pëllcas';

si e si të bëjnë sa shum' e më shumë

mbi kurris të detit buj' e zhurm' e shkumë!

Mir' po deti det

dhe asgjë s'humbet!

Dhe sado që duket se u bë rrëmujë

deti si përhera rrafsh e plot me ujë!

Pjesa e katërt

I

Ali Asllani

Shpirt e xhanë,

eja, më thot' nipi, vemi në Tiranë,

eja, Hall', të lutem se do bësh sehir

zonja shum' të mira, burra shum' të mir'!

Lëm, të keqen Halla, ti më rruash të paça

un' për her' të fundit do të dal, në dalça;

e do dal, do iki dhe do shkoj për jetë

në sehir të fundit, në sehir' të shkretë!

Un', mor djal' i Hallës, nëna e shtëpisë',

kam një tuf' me halle varur mbi kurris;

kam një tuf' me derte, kam një tuf' me halle

nga ato që zbardhën vetull e qepalle;

e i thash' i thashë...Djali, me shum' mall

eja, nguli këmbët xhan' e shpirt, o Hall'!

Desha dhe nuk desha,

hodha namazbezin, mir' e mir' u vesha,

dhe që atë ditë hipëm në kaike,

ish për her' të parë që po veja mike,

mike në pampor;

prita edhe prita, po sa prita s'di

66

mbas nonjë orë,

si i thon' nashti,

pasi dhe sahatin, sahatin e gjorë,

që kur na e prishën edhe e bën' orë,

- na u bë dhe koha fare li e lesh,-

sahatin e saktë nuk po e marr' vesh!

Prita në pampor, prita kot së koti:

as e zonja erdhi as edhe i zoti;

"Mirseerdhe, moj zonjë" njeri nuk më tha,

frëngun dhe frëngeshën ujku që s'i ha!

Un', thot Hanko Halla, sado që kam rar'

matem e peshohem me flori e ar;

na jemi si rrëza, mu si rrëz' e djellit

që sado që bije lart nga maj ' e qiellit,

bije nëpër male, krahu nuk i thyhet,

bije në moçale, këmba nuk i lyhet!

II

Pasandaj pampori fryti e u nis;

si kërcasin muret, muret e shtëpis'

si kërcasin muret kur i rreh tërmeti,

po ashtu kërcisnin kur i rrihte deti

eshtra e pamporit; mirpo më së fundi

diti si e tundi!

Kur i vinte vala, bënte sikur kridhej,

kurse valës tjetër drejt për drejt i hidhej,

aty valës dukej anës do ia mbante,

kurse valën tjetër mes për mes e çante!

Ball' i bëri bukur detit të tërbuar,

një dybek i rrihte mu në kraharuar;

dank e dunk dybeku...un' sa jesh kumbisur

kur dëgjoj ca pula tue kakarisur!

Tepër u habita, qënkemi në Vlorë

apo harroj udhën ky i shkret pampor

dhe u kthye prapa? Po në mbeçim udhës?

Kur dëgjoj që thoshin : "kena mrri në Durrës!"

Që thoni, moj zonja, erdhëm në Tiran'.

Po kur disa femra, m'u bëfshin kurban,

disa qyqe femra më një qoshe mbledhur

ferexhet e zeza përmbi krye hedhur,

koka e mbuluar, këmba e zbuluar,

ruana zot nga fëmra kurse ka çkalluar!

Thon' se nga një herë këto ferexhera

diku i ngrë era,

brenda duket zogu ball' e gush flori

që i thot' Tirana "zogëza kumri";

qënka guguftuja që i themi na,

mirpo ësht' gjynah, s'mundet "me u pa"!

Afër disa meshkuj, veshur, po si veshur?

disa për të qarë, disa për të qeshur;

në krye në këmbë pa shije pa hije,

çfar' t'ju them moj motra, pika që s'u bije!

Disa për të qeshur, disa për të qarë,

s'paska më shqiptarka, s'paska më shqiptarë!

Ku jan' ato rroba, rrobat e të parit

rrobat që peshohen me dërhem të arit?

Tej një shesh i gjërë bota jep e merr,

edhe një gjëlpërë s'ka se ku të bjer';

zonja e zonjushe si thëllëza fushe

mu si pika ari, mu si flori gushe;

dy nga dy po ecin, me bërryle shtyhen,

në se u hedh dorën, me një her' do thyhen!

Me një her' do thyhet mez'i holl'i vajzës;

hedhur si lastarë, hedhur si billonja;

zonja mu si çupa, çupat mu si zonja;

palët mu si valët, shkon e vjen një tjetër,

duket than'e juqe edhe fëmr'e vjetër!

III

Blegërin një dele, tingëllin një zile,

bota paska halle, hallet me kaçile;

hallet me kaçile, halle prej Tirane,

lum Tiran' e kuqe mbushur me zeshkane!

Mir' po - vazhdon Halla, pakëz e çuditur,

rri si rri sorkadhja, çap e vrap lajthitur -

mir' po ra mëngjesi, rrugët do i pëllcasën;

lozën edhe karta, birçe ose briç

çekan e çekiç në kok' e godiç.

Folu, nuk të flasën; ktheu, zën e shkasën

dhe më cep të syri din' se si të vrasën.

Dhe ajo që duket ëngjëllush'e butë

në një shishe brënda dy shejtane futë;

llëra lakuriq, këmba lakuriq,

demek sa për mua ...edhe burri vdiq!

IV

Hanko Halla isha, Hanko Halla jam

Hal' në sy i kisha, hal' në sy i kam

Nuk më mbushet syri, nuk më mbushet zëmra,

nuk më piqet ylli me të tilla fëmra!

Mir'po - vazhdon Halla, - edhe psherëtiti, -

aty nga del fjala do më dal' dhe shpirti;

pa do them të drejtën se më bënet derte,

cilido gjynahun le ta ket' për vete,

kur i pash' të parat, desh më zuri frika

kur i pash' të dytat...de iu rëntë pika!

Ato në mos qofshin, këto për të qënë...

duket pem' e bukur që ka mbir' me hënë;

duket pem' e bukur që me hën' ka mbirë

dhe që asaj dite ish sahat i mirë:

Porosita djalin: - Në se të kam djalë,

ik e i thuaj nuses të m'a bëj hallallë! –

V

Aty Halla heshti, hoqi, psherëtiti,

një kujtim i vjetër erdhi e goditi...

Kur ish Hanko Halla nuse topi 'i borës

kur "Ai" e mbante në pëllëmb' të dorës,

vishej edhe ngjishej sikurse një flutur,

sikurse një flutur nëpër fleta futur!

Sako dhe tumane...ar edhe mëndafsh;

varur pendolirat...shko një her' më qafsh,

shkonte si veri e vinte si tallas,

këmba, si krah zogu, s'linte gjurma pas!

Halla ish një lule, dhe nga ato lule,

syri me ta parë, mu në gjunj u ule.

Ajo ish një lule, po edhe "Ai"

ish për atë lule një saksi flori.

Fund'i fjalës Halla ish një dallandyshe,

si ish e si qënka...jan' dy gjëra ndryshe!

Ismail Qemali

Mbyllur det' edhe stere

Kush do pyes? ... edhe përse?

E kush pyet për Shqipërinë,

Rreth me male një shketinë

E pa zë dhe e pa zotë

Vetëm vlente për një botë

Që të bënej ndonjë ditë,

Një thërime një kafshitë

Për atë e për këtë,

Vleft'e saja hë për hë,

Dele dajos........

Kur nji ditë,

Vjen e çfaqet një Profitë;

Ish njI plak i bardhë borë,

Nji bajrak me zok në dorë;

Çan tokë e çan detë

Si i çan rrufeja retë;

Edhe zbriti mu atje

Ku i than nga se për se

Po atje në atë vëndë,

Dy të prishurit na mëndë,

Jo që nuk i than "miserdhe"

Po i than dhe "shko nga erdhe!"

Plaku gjorë e plaku mjerë,

Ku do vejë e ku do bjerë,

Nëpër erë e nëpër shira

Nëpër gropa me shëllira?

Iku ditë e iku natë

I mungon dhe buk' e thatë;

Edhe buka i mungonte,

Vëtan zêmra i valonte.

Si ish baltë, këmba kridhej,

Si ish plakë, trupi dridhej,

Andej ruhej nga armiku,

Këtej ruhej nga i ligu.

Mirpo plaku bëri krahë;

Kaloj male, kaloj brigje,

Kaloj pellgje të pa vahë,

Kaloj pyje të pa shtigje

Syr' i tija një yll shihte

Dita yllin po e fshihte.

Plaku iku, iku, iku

Pas ca dite një mëngjes,

Kur dëgjon një zë kikiku,

Një qytet i gjithë u ndes.

Ish një vend, një vend i lirë

Që në gjuhën më të mirë

Që në gjuhën e Asllanit,

I thon vëndi i jataganit;

I thon Vlon' e i thon Vlorë

Ku Shqiponja dy krenorë,

Gjeti gjithë ata që deshi,

Djem baroti, djem arbreshi,

Me besë burri armatosur,

Trimëri që s'ka të sosur,

E kush ishte ai plakë?

E kush ishte ajo flakë?

Si një yll që është këputur

Në një arqe brenda futur,

Na harriti.... Kuje sotë

Nuk na erdhi si e deshëm,

Po në dhe se fusëm dotë

Pra në zêmra do t'a ngjeshim.

Dhe aty do rroj sa malet

Shpirti tija nuk do falet

Nuk do falet po si Dielli,

Ku bashkohen det e qielli,

Atje shuhet ashtu duhet,

Qarko botës zë e muhet;

Mirpo dielli dhe atëherë,

Shkrep dhe shtie mbi të tjerë;

Dielli mbet gjithnjë Diell,

Kurdoherë me kokë në qiellë,

Edhe Plaku këtë ditë,

Si njeri mbaroi jetë

Mir po Plaku i vërtetë

Ish Profit dhe mbet Profit;

Dhe qëndron ashtu si ishë;

Do mbaj emrin si e kishë;

Emr'i tija i vërtetë;

Esht Nëntor njëzet' e tetë.

Koka ben dhe koka vuan

ç'ke moj zemër që rënkon!

Njëher' varet trikollari, herën tjetër kryq i thyer…

Paska rar' hallva prej qielli e ja nis një dallaver,

Mbushen xhepat me flori

E qinosen ujk e dele për të bër' një stan të ri!

Shitet vendi për para, me para e për para

Bëhet burri telendi, dy para një maskara,

Para hasmit lepe peqe

Para zërit te atdheut hund e tyre shtate sqepe!

Duke blere e shitur ere, dikush bëhet milioner,

Kurse shoku pinte uthull lum zotria pinte vere,

Milioneri yn' i ri

Para shokut te dikurshem vari buz' edhe turi!

E përhera me dy faqe, që të haj'e qe te bluaj,

Ne një kohë mbi dy frona, në një çast mbi dy kuaj,

Me dy faqe, me dy nofulla, ne një xhep e dy flamurë

E hedh kemben me daulle edhe turk edhe kaur!

Na te urt' e te mendafshte s'qeme te zot te bënim zë

Ku fillon me thash e theme hij' e vetes te përzë;

Neve ndryshe, puna ndryshe, defi ndryshe, kënga ndryshe

E ç'kërkon ne gji te gjembit te kendoj' një dallëndyshe?

Mirpo vendi paskish zemër, paskish sy e paskish vesh,

Shikon lark e dëgjon thelle, di te vesh, edhe të zhvesh

Tani eja e t'ja themi asaj kënge që ja thonë:

Koka bën e koka vuan, ç'ke moj zemër që rënkon?!

Pyeta valët vogëlushe

Pyeta valët vogëlushe;

mu si krahët e një gushe

përmbi supe nga një shkumë,

kush më pak e kush më shumë,

venë e vinë e shkojnë e shkasën

dhe përhera për ty flasën.

Valëza, o valëza,

farë e fis me vashëza,

ku e keni shoqen tuaj?

Ruaje zot nga erë e huaj!

Ali Asllani

Pyeta zoga, pyeta zogj,

pyeta zemrën që m'u dogj,

pyeta lulet nëpër baça,

nëpër baça, që un' plaça,

muaj e vitra po të pres,

vidi-vidi pëllumbeshë!

Vidi-vidi zogëza,

farë e fis me zojëza,

ku e keni shoqen tuaj?

Një minutë e gjat' një muaj!

Vidi-vidi pëllumbeshë!

për ty qaj e për ty qeshë,

për ty qesha; gjithë jeta

me gjith' lule, me gjith' fleta,

u bë fli për ata sy;

çdo gëzim ta fala ty!

E çdo brengë e mbajta vetë.

Tash afroi e thënë e shkretë,

dhe un' s'di ku jam, ku vete,

rroj për ty e vdes për vete!

Vajza shqipetare

Kush të ka dërguar, hëna apo djelli?

Pa më thuaj, të lutem, sa pate ka qjelli?

Nëpër ato pate, madhëri e artë,

Ka të tilla shtate, si të zotris' sate?

Në je ndonjë ëngjëll, udhën ke lajthitur,

Apo sjell melhemin zemrës së goditur?

Në je ndonjë valë, kush ësht' ai mall,

Që të ndez e derdhe e utrin' mbi zall?

Në je ndonjë çupë, do të mbaj mbi sup,

Do të ngjesh në zemër, do të pi me kup'!

Në je ndonjë lule, e ku do keç mbirë,

Si mundet e bënet lulja kaq e mirë?

Në se je sorkadhe, lumthi kush ka çapa,

Lum ai q'i vete zotris' sate prapa!

Kush të paska rritur, kush të ka selitur?

Trupi i yt i bukur si flori i situr!

Në je ndonjë xhinde, xhinde e arratisur,

Cilin ke vithisur, kujt i je kolisur?

Ku është ai pyll, ku është ai mur

ku ti vete fute dhe qëllon me gur?

II

Kush të ka dërguar, Hëna apo Djelli?

Pa më thuaj, të lutem, sa yje ka qjelli?

Ka të tilla pyje nëpër ata yje?

Ka të tilla xhinde nëpër ata pyje?

Qofshi të ërgjënda, ka të tilla xhinde?

Rrofsh e qofsh, sa malet, zotrote ku linde?

Desha që ta dija ku është ylli yt,

Desha që ta dija ku ësht' pylli yt!

Në je ndonjë dritëz, dritëz perëndie,

Lum kush të ka afër, kurse nata bie;

Në je ndonjë hije, hije hyjënore,

Kthema zemrën time, zemrën që ma more!

Në je ndonjë erë, një veri në ver',

Nga se po të digjet trupi ylyver?

Në je ndonjë ëndërr, shum' të lutem shum',

Në të dasht' qejfi të të shoh në gjum'!

Në je xhevahire, nga se ku je dukur?

Nga se xhevahiri rri në kuti futur?

Në je ndonjë flutur, kush të ka qëndisur?

Kush është ajo dorë, që të ka stolisur?

Pa le ta dëgjojmë një herë e dy herë,

fol, moj dallëndyshe, që këndon mbi derë!

Fol moj dallëndyshe, se sa më vjen mirë,

Mos je ndonjë vajzë nga një vend i lirë?

- Un' jam një arbreshe, rroj këtu në rrëza,

Një gjak e një gjuhë kemi me thëllza;

Pullumb e sorkadhe jemi farë e fis,

Kemi dhe shqiponjën gjyshen e shtëpisë!

Çdo të mira kemi, djelli si ar

Derdhet përmbi neve nga çdo vënd më par',

Lul' e vëndit tënë katër stinat çel

Edhe erë e bukur na deh e na vel!

A e more vesh kush më ka qëndisur?

Është dritë e djellit që më ka stolisur,

Është drtië e djellit, është dritë e hënës,

Më shum' nga të gjithë është sisë e nënës!

Nje veshtrim i arratisur

Nje veshtrim i arratisur

Nga qepallat e qendisur

Ku eshte shpirti im skalisur,

Nga dy syt' e zez te tu

Vjen me thote ashtu-keshtu!

Me thot' jo edhe me ndez

Me thot' po edhe me vdes

Nata zgjatet edhe zgjatet

Ah kjo nat' me or' nuk matet!

E un' mbetem duke lutur

Lutem yjeve te keputur.

Dhe un' lus e kerkoj ty,

Ate vetull, ate sy!

Se ne syrin tend te zi

N'ate sy te zi, mazi

Shenj' e buzes sime duket

Si nje prush ne re kur muget!

Dështpërim dhe shpresë

Edhe sot e këtë orë,

edhe sot ajo stuhi,

ajo flamë-madhe dorë

do na bëjë tym e hi!

Komb i varfër, komb i gjorë

si një zok i pafole,

një pëllumb i bardhë borë,

ngeli keq në një rrëke!

Që nga korça gjer te Shkodra

fat'i vendit errësirë,

nëpër fusha, nëpër kodra

fryn e çfryn një errësirë.

Komb i varfër, komb i mjerë,

i pamëm'e pa atë,

shpresa jotë këtë herë

si një fletë në deg'të thatë.

Komb i varfër, kombi i mjerë,

derëzi e punëzi,

edhe sot si kurdoherë,

një njeri i panjeri!

Jo, se, ja edhe hëna mbrëmë,

dukej kredhur në një rrobë,

edhe nxinte si një mëmë

që ka mbetur qyqe korbë!

Mirpo sonte bukuri,

buzë e saja burim gazi,

edhe nga gjiri i saj zbrazi

vargje, vargje, drit flori!

Nuk e di se gjysh e si,

nuk e di se qysh nga se,

po nashti një shpresë e re,

shtin e shkrep në sytë e mi.

Do na zhduket errësira,

do të zhduket ajo dorë

nesër vjen me shumë të mira

shkaba jonë dykrenare.

Nën hijen e asaj

pranvera asht përhera,

që nga fundi gjer në maj

rreth e rrotull ylyvera.

An'embanë bukuri,

komb i lirë, tokë e lir

shqipëtar e Shqipëri

sa të lumtur, sa të mirë!

Ali Asllani

Balte shqiptare

Te dua balte shqiptare

Te dua egersisht

deshperimisht

si ujku pyllin

si val valen

si balta balten

se gjer mbi gjunje

jam brenda teje

se lere kan ktu

dhe baba

dhe gjyshi

te dua balte shqiptare

se gjer mbi bel

e permbi bel

jam brenda teje

e sdal dot se sdua

se ti me lidh

me mban me mjalt

e me pelim

po te vdes

ne dhe te huaj

shork mergimtari

te ma beni varrin

ku do bie se pari

po nje grusht

Ali Asllani

nga toka jone

balte nga balta e saj

te ma mirni e te ma sillni

drejt e ne zemer te shkrete

se kjo balte e vendit tone

mallet do te mi shuaje

te mos me duket

aq i rende moj

oh ky dhe i huaj

e te vini te mi thoni

asaj nenes sime

zi mos mbaj

zi mos qaj

as edhe nje therrime

se me i lumtur jam i vdekur

sesa i merguar

mot pas moti arratie

zemer copetuar

Ali Pasha Tepelena

Nga satrapët më satrap

nga dervishët më dervish,

ky zabit, ky dreqo-lab,

pa kalem e pa qitap,

paskish lindur me këmish!

Po satrapin, unë ju lus,

mos ta marrim për qortim,

ai ish një kryetrim,

një rrufe, një vetëtim,

që i tha sulltanit: sus!

Një rrufe...

Po rrufeja, vini re,

i ka rrënjët në një re!

si dhe truri, tungjatjeta,

me gjith' dritëzat e veta,

i ka rrënjët në kaptinë!

po sa larg dhe sa lart

shkon e ndrin dhe vetëtin!

Dhe Ali Pasha kajmeni

nip stërnipi i një dere,

soj dervishi, soj sejmeni,

i ushqyer me mëna ferre!

me guzimin mrekulli

u bë kryefermanlli

dhe nga truali i tij i ngusht'

i lëshoi një goxha grusht

perandorve osmanlli!

Dhe arriti sa pothuaj,

në tryezë të çezarve

ku vlon hymni ngadhnjimtarve,

hymn' i tija s'mbet i huaj!

Le t'i ngrem', pra një dolli!

fam' e tija është e madhe,

vler' e tija më e madhe!

Në e ultë historia,

di ta ngrerë Shqipëria,

sepse trimin, nuk e nuk,

trimi trimin nuk e zhduk!

Ali Asllani

Vlora

Andej Qaf' e Topit hedhur si sorkadhe

këtej Guzbabaja, një urat' e madhe,

mu në mes të tyre shtrihet një qytet

shtëpi e shqiponjës për eternitet;

Vlora tungjatjeta, vendi i mrekullive,

maten me Sazanin degat e ullinjve!

Shëtita Evropën, shëtita Azinë,

gje' te moll' e kuqe vajta gjer në Kinë,

sa tutje më tutje, sa lark e më shumë,

dhe atje ku piqej buka mu në kumë;

Deri prapa diellit, në tingli majmun,

dhe atje ku zoti quhej Firaun!

Tobe ja rabi! fryhemi gjynah,

kapërceva qiellin si një zok me krah!

Kapërceva dete mbushur me inxhira,

kapërceva male gurë xhevahira,

gjithë më gostitën, gjithë i gostita,

sa më velesitën, sa u velesita!

Ç'do që desha pata, qumësht dallandyshe,

sa të hanin gjithë, gjyshe dhe stërgjyshe;

dhe me re të bardha dhashë edhe mora,

hazinera gjeta, kur më hante dora!

dhe me re të bardha mora edhe dhashë,

po si Vlorën time një qytet nuk pashë!

Vlorën edhe Vlorën thelp e kam në zemër,

ditën e kam dritë, natën e kam ëndërr...

çdo or' e minutë ty të kam në gojë,

mbase të zë lemza, kur un' të kujtojë!

Vlora im' e bukur, Vlora im' e lirë,

vetëm ty të dua dhe një gun' të dhirë!

Aty n'ata rrethe, aty n'ato rrëza

çdo zonj' e zonjushe matet me thëllëza!

Aty shpirti dridhet, aty zemra hidhet,

aty rreth e rrotull lozën gugulidhet;

dhe për her' të parë po në atë vënd

një zogëz, një... hajde, më rrëmbeu mënd!

Vlora im' e bukur, Vlora im' e lirë,

vetëm ty të dua dhe një gun' të dhirë!

E kudo që isha e kudo që jamte

këng' në buz' të kishja, lot në sy të kamte!

Ali Asllani

Mbi qepalle me troket

Mu këtu,

ku ormisi1 zëmrën zoti.

Aty kam një guguftu,

që e koj me pika loti.

Natën vjen e bënet dritë,

bënet drit e bënet yll,

mbi qepallë më trokitë,

s'më lë syrin që ta mbyll.

Ditën bënet vetëtimë

e me krisma e me bujë,

shkrep në mes të shpirtit tim

dhe më prish, më bën rrëmujë.

Iki larg e ngrihem lart

kaloj drit' e kaloj hije,

pastaj zë e flas përçart

dhe në këmb' të saja bije.

E kudo që ajo vete

më tërheq si hije pas,

zot, o zot që s'jam në vete,

e humbas, humbas, humbas...

Dhe buças si val' mbi zallë,

kur buçet e kur dremit,

ajo vjen përher' vërdallë

mbi qepallë më trokit.

Kater stina, kater capa

I

Vjeshtë...

Nëpër hije s'ka më shije,

lot' i par' dhe më i thjeshtë

është fletë e gjor' që bije!

Nëpër dega, nëpër gjethe,

dor' e erës po trokit:

me rrënqethje si në ethe,

fillon pema pëshpërit!

Sosi kënga në fole,

hyri reja në kufirë,

dallandyshja, ler' e le,

ja nis këngës lamtumirë!

Dallandyshja ime, haj!

do më lër e do më shuaj;

ku do shkeli këmbë e saj,

loti im do jetë i huaj!

II

Shkoi dhe vjeshta me sa pati...

vargje vargje varet reja,

zbriti drër' i madh nga shtrati,

po andej nga zbret rrufeja!

Ali Asllani

Bota mbytet nga një mjegull,

dita thyhet, nata rritet,

në oborr e shkreta pjergull,

sa po vete po ronitet!

Qielli ulet, ulet, ulet

rreth e rrotull tym e ujë,

reja, vjen mbi supe ngulet,

er' e egër bën rrëmujë;

era vjen me duf si plumbi

dhe nuk le folé në vënd,

dallandyshja ime humbi

edhe unë i humba mënd!

III

Kalon koha dal' nga dal'

nata thyhet, dita rritet;

diell' i dimrit rrall për mall,

si sorkadh me çap vërtitet!

Mbi një degë e mbi një tjegull

nanurit një zog i gjor',

në oborr e shkreta pjargull

merr një hov paraveror!

Ja dhe shkurti shkurtabiq

s'lë dy gurë në një qoshe,

po vesh trupin lakuriq

të bajames bukuroshe!

Mars, o mars me huqe shumë,

një rremall e një nopran,

aty vaj e aty shkumë

aty qesh e aty qan!

Është e gjër' sa ësht' një botë

dhe në vjen me ca rrëmbime,

është i thell' sa ësht' një lotë,

po i holl' si zemra ime!

IV

Kur bën koha diell e shi

merimanga paska dasëm,

s'di, për zotin, po tashi

un' dhe zemra ime shkasëm!

Mëndja vete ku nuk vihet...

e më tej, e më përtej...

një pullumb që di e ngrihet

ai di se ku do vej'!

Ku nuk vete mëndj' e shkretë

bënet shkum dhe mbi tallas,

un' po varem tatëpjetë...

ajo shkon e shikon pas!

V

Paravera me bilbila

koha qesh dhe buza qesh,

diçka thon' për trëndafila

goj' për gojë e vesh për vesh!

Kridhet bota në stoli,

në stoli e në sedefe,

dridhet zëri në vjoli;

dor' e vajzës rreh dy defe!

Ngrihet kupa me dolli,

një dolli me tre shëndete,

rrotull zoga meskalli,

dy për zogën, një për vete!

Pjesa ime tepër pakë;

pi dy pika, heth një sy,

mezi marr një pikëz flakë

sa për zemër...gjer aty!

VI

Thon' se shiu muajt maj

nëpër dete bën sedefe

dor' e vajzës punon paj',

dor' e majit bën gjergjefe!

Pik', ergjëndi vjen me fate

e çdo pik' me këmb' të mbarë,

nëpër llëra, nëpër shtate

tingëllin si pika ar!

Erdhi vera përsëri

kalipeç mbi shtiza dielli,

bejk' e stanit buz' flori

del e pret me kënga fyelli!

Përsëri dhe përsëri

përqafonen flladi, fleta,

ah, kjo kënga dashuri

ësht' e ëmbël shum' e shkreta!

Ngrihet kupa me dolli,

me dolli e me shëndete,

un' po rri e vërshëlli...

as për zogën, as për vete!

Pjesa ime një puqer

rrall' një vetull, rrall' një sy,

dhe si drita në uj' thyer

ca kujtime...gjer aty!

VII

Shkoi dhe vera me aq bujë,

shkoi me gjith' ato stolira,

plaç, moj ver', që për pak ujë

thave lulet më të mira!

E një vit i gjithi shkoi,

katër stina, katër çapa,

un' kërkoj, kërkoj, kërkoj...

djalërin' që mbeti prapa!

Aty brënda kam ormisur

me kujtime, me gatime,

thellë e thellë i kam stolisur

në bërtham' të zemrës sime!

S'kalon koha, kaloj unë,

jet', o jeta e flamosur,

jam në gusht, dhe gusht e gunë...

plaça un' që paskam sosur!

Cke moj zemer qe renkon

Njeher' varet trikollari, heren tjeter kryq i thyer...

Paska rar' hallva prej qielli e ja nis nje dallaver,

Mbushen xhepat me flori

E qinosen ujk e dele per te ber' nje stan te ri!

Shitet vendi per para, me para e per para

Benet burri telendi, dy para nje maskara,

Ali Asllani

Para hasmit lepe peqe

Para zerit te atdheut hund e tyre shtate sqepe!

Duke blere e shitur ere, dikush benet milioner,

Kurse shoku pinte uthull lum zotria pinte vere,

Milioneri yn' i ri

Para shokut te dikurshem vari buz' edhe turi!

E perhera me dy faqe, qe te haj'e qe te bluaj,

Ne nje kohe mbi dy frona, ne nje çast mbi dy kuaj,

Me dy faqe, me dy nofulla, ne nje xhep e dy flamure

E hedh kemben me daulle edhe turk edhe kaur!

Na te urt' e te mendafshte s'qeme te zot te benim ze

Ku fillon me thash e theme hij' e vetes te perze;

Neve ndryshe, puna ndryshe, defi ndryshe, kenga ndryshe

E ç'kerkon ne gji te gjembit te kendoj' nje dallandyshe?

Mirpo vendi paskish zemer, paskish sy e paskish vesh,

Shikon lark e degjon thelle, di te vesh, edhe te zhvesh

Tani eja e t'ja themi asaj kenge qe ja thone:

Koka ben e koka vuan, ç'ke moj zemer qe renkon?!

Ali Asllani

Hakërrim – Poezi të zgjedhura

Ali Asllani

www.ingramcontent.com/pod-product-compliance
Lightning Source LLC
Chambersburg PA
CBHW051733040426
42447CB00008B/1105